L'HOROSCOPE IMPERIAL
DE LOVYS QVATORZE
DIEV DONNE'.

Predit par l'Oracle François & Michel Nostradamus.

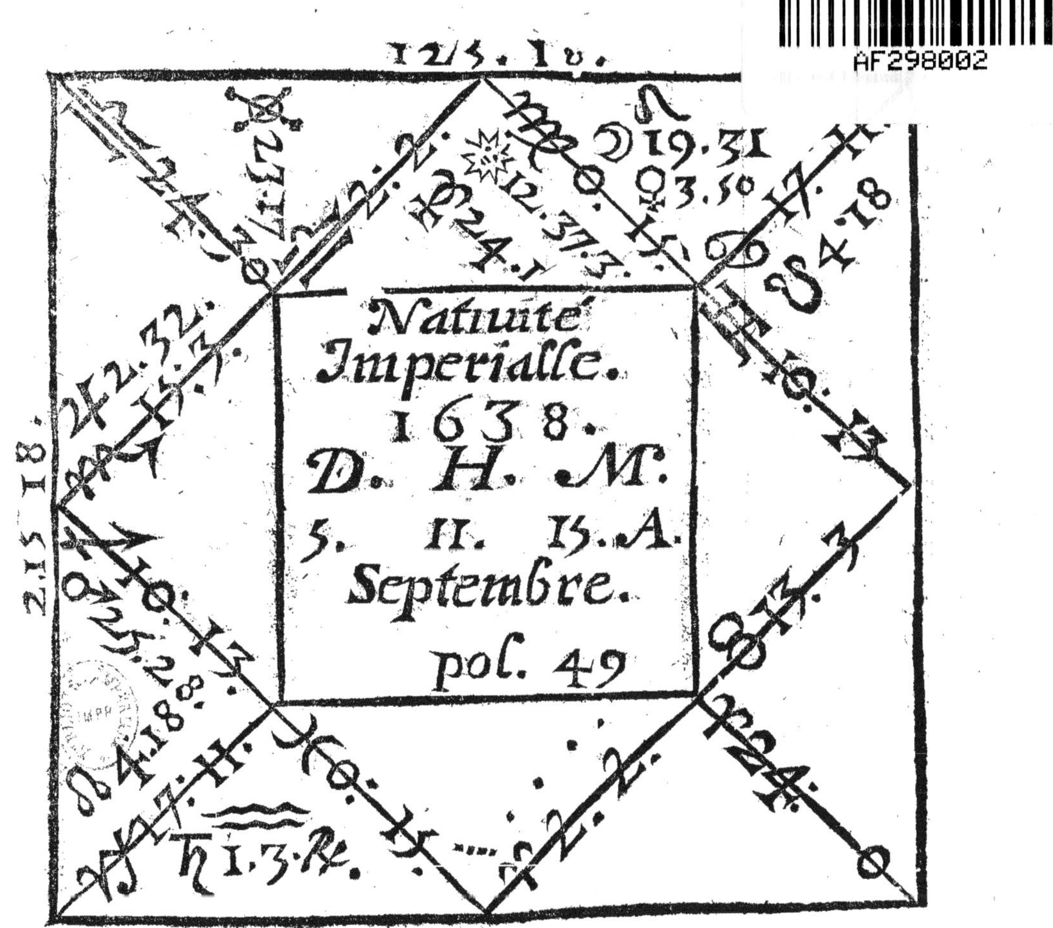

L'HOROSCOPE IMPERIAL

DE

LOVYS XIV.

DIEV-DONNÉ.

Predit par l'Oracle François, &
Michel Nostradamus.

Iouxte la copie imprimée

A PARIS.

Chez FRANÇOIS HVART, à la Montagné
Ste Geneviéve, proche l'Espée de bois.

M. DC. LII.

L'HOROSCOPE IMPERIAL
de Louys XIV. Dieu donné.

Predit par l'Oracle François, & Michel Nostradamus.

LES Historiens ont remarqué du temps de l'Empire Romain, que Iule Cesar a esté le premier qui fut mis au rang des Diuinitez, ainsi que Dion rapporte dans ses œuures page 55. *Primus autem Iulius Cæsar infuere diuus appellatus est* : Et Lucan au septiesme de son Liure dit, que les anciens Romains pour tesmoigner la grandeur de leurs Roys, l'honneur & le respect qu'ils leur portoient, faisoient pendre leurs Images dans les Temples leurs testes entourées de rayons de feu d'Estoilles, en voicy les propres termes.

Fulminibus manes radiisque ornabit & astris
Inque Deum Templis iurauit Roma per vmbras.

Si entre les Monarques Romains Iule Cesar a esté mis au rang des Diuinitez à cause de sa vertu & magnanimité, peuple idolatre en ce temps-là, qui n'auoit point la cognoissance d'vn Dieu viuant & immortel, comme nous, pourquoy ne porteront nous

A ij

pas pareil honneur & mesme respect à nostre ieune
Monarque Loüis XIV. que Dieu nous a donné, ainsi
que nostre Oracle François a remarqué dans ses Propheties, Centurie quatriesme, Quatrain 93. lors
qu'il dit.

Vn serpent veu proche du lict Royal
Sera par nuict chiens n'abayeront,
Lors mestr-en France vn Prince tant Royal
Du Ciel venu tous les Princes verront.

Il est constant qu'à mesme temps que sa Maiesté
vint au monde, il fut veu vn petit serpenteau
proche le lict de la Reyne, & comme la Reyne
auoit demeuré vingt-huict ans dans le mariage
sans auoir des enfans, on fit plusieurs vœux & prieres à Dieu pour en auoir, si bien que par de bonnes
prieres Dieu nous donna par Miracle sa Maiesté,
ainsi que nostre Oracle a remarqué cy-dessus, lors
qu'il dit *Du Ciel venu tous les Princes verront*, pour plus
grande preuue que sa Maiesté nous a esté donné
comme par miracle, les hommes inspirez de Dieu le
nommerent à mesme temps qu'il vint au monde,
Dieu donné. Ce n'est pas donc en vain que sa Maiesté nous a esté donnée de Dieu, ainsi que plusieurs
Saincts Peres ont remarqué auec nostre Oracle
François, d'autant qu'il nous a esté donné pour
renouueller la France de nouuelles constitutions,
corriger le vice & les abus qui s'y commettent pour
extirper les Heresies, & subjuguer les Infidelles, à
celle fin aussi que la Foy Chrestienne soit libre par
tout l'Vniuers : elle nous a esté donné pour renouueller la France par de nouuelles constitutions, té-
moin nostre Oracle François, Centurie 3. Quatrain
15. lors qu'il dit.

Cœur, vigueur, gloire, le Regne changera
De tous poinéts, contre ayant son aduersaire,
Lors France en enfance, par mort subjuguera,
Le grand Regent, sera lors plus contraire.

Quoy que ce Quatrain soit assez intelligible de soy, neantmoins nous en donnerons l'explication en faueur des esprits delicats, la France sera renouuellée de tous poinéts par nostre ieune Monarque, mais ce sera par l'intermise du Cardinal Mazarin, lequel apres auoir esté la ruine de la France, retournera auec grande gloire poussé d'ardeur & de vigueur, qu'il faut entendre par ces mots, *cœur, vigueur, gloire, le Regne changera de tous poinéts, le grand Regent sera lors plus contraire.* C'est vne chose en effeét bien contraire de croire qu'vne personne qui sera cōtraire à la France fasse de nouuelles constitutions pour le bien d'icelle, c'est vn secret de Dieu que les hommes ne cognoissent point, c'est pourquoy il en faut demeurer là, apres cela ie vous prie de considerer s'il y a nulle apparence qu'il se détache du gouuernemét des affaires de France, ny de la vindication. Enfin Paris est tellement menacé de sa ruine, que i'en suis au bout de mon roulet, & ne sçay par quels moyens nous desaueugler, veu tant de fourberies qu'on inuente tous les iours, pour vous faire tresbucher dans l'abysme de perdition. *La paix s'approche d'vn costé, & la guerre oncques ne fut la poursuite si grande:* Et de fait nostre Oracle nous descouure la fourberie qui se fera immediatement, que la paix sera concluë auec l'Espagne, sans toucher à celle de nos Seigneurs les Princes : Voicy ce qu'en dit nostre Oracle, Centurie 9. Quatrain 86. lequel vous a esté desia cité dans la premiere partie.

A iij

Du Bourg la Reyne parviendront droit à Chartres,
Et feront pres du Pont Antony pause
Sept pour la paix, cauteleux comme martres
Feront entrée d'armée à Paris clause.

Il est constant que les abus qui se commettent dans Paris ne sçauroient iamais estre reformez que par sa desolation & entiere ruine, parce que les surueillans ny donne point de remede que lors que leur interest s'y treuue : quand nos premiers Peres abuserent de la Loy de Nature, Dieu renouuella toute la terre par vn Deluge general, & n'en resta que Noé & sa famille, il en doit quasi arriuer le mesme à Paris, non pas par vn deluge d'eau seulement (quoy qu'il en soit menacé l'année qui vient) mais par vn deluge de sang, ainsi que nostre Oracle a remarqué dans la Centurie onziesme, Sixain trente-deux, lors qu'il dit.

Vin à foison tres-bons pour les Gend'armes,
Pleurs & souspirs, plaintes, cris & alarmes,
Le Ciel fera ses tonnerres pleuuoir,
Feu, eau & sang, le tout meslé ensemble,
Le Ciel de Sol fremit & en tremble,
Viuant n'a veu ce qu'il pourra bien voir.

Cette desolation sera si grande que peu en rechapera dit nostre Oracle, notamment quand il parle de Messieurs du Parlement, Centurie 9. Quatrain cinquante & vn.

Contre les rouges sectes se banderont
Feu, eau, fer, corde, par paix, se minera,
Au point mourir ceux qui machineront
Fors vn que monde sur tout ruinera.

Il faudroit auoir l'esprit & le don de Prophetie, pour deuiner celuy duquel nostre Oracle parle,

quand il dit, *Fors vn que monde sur tout ruinera* : Toutesfois si ie l'osois dire, il me semble que i'en appro-
cherois de bien prés, si on a remarqué dans mes
precedens aduertissemens , ie croy l'auoir assez
nommé, & en auoir dit mon sentiment. En fin
Paris doit estre attaqué par toute sorte de deluges,
d'eau & de feu : Pour celuy de l'eau on ne le sçau-
roit éuiter , mais pour celuy de feu & de fer, il se
peut si on veut , il n'y a que la nonchalance qui sera
la cause de ces débordemens; viue l'vnion & la con-
corde, car le Dieu de Paix & de Misericorde ne
vous delaissera iamais , ou bien, comme dit la Sa-
pience, *Menti bone Deus occurrit* , Dieu est tousiours
fauorable aux gens de bonne volonté , mais où
sont-ils ces gens de bien, il faudroit vn second Dio-
genes pour le découurir auec vne Lanterne en plein
midy.

Ce n'estoit pas mon dessein de parler si auant de
la ruine de Paris , parce que i'en ay assez parlé dans
mes precedents aduertissements , mais bien des aduantages glorieux que le Ciel nous fait esperer
pour nostre ieune Monarque, toutesfois par la con-
duite du Cardinal Mazarin, ie suis contraint malgré
moy d'en parler, quoy qu'il soit l'horreur de toute
la France , duquel on verra vn grand changement,
ainsi que nostre Oracle a remarqué dans la Centurie sixiéme, quatrain 70.

Au chef du monde le grand Chyron sera
Plus outre aprés, aymé, craint, redouté
Son bruit & los les Cieux surpassera,
Et du seul titre victeur fort contenté.

De maniere que par ce Quatrain nostre Oracle
nous fait esperer vne grande Metamorphose du

Cardinal Mazarin, soit en sa condition, puis qu'il doit estre le premier entre tous les Monarques du monde, quant à ses faits ils surpasseront les Cieux, c'est à dire, la pensée des plus iudicieux, ce qui est fort difficile à croire, le voyant à present dans la haine presque de tout le monde, de maniere que sa renommée passera si auant, qu'elle penetrera les Cieux, puis qu'aussi il doit paruenir dans la sacrée Monarchie, & pour lors il demeurera satisfait, & tres-content. Finalement, la haine qu'on a à present contre luy se changera, parce que par ses faits il se fera aymer & craindre tout ensemble ; c'est pourquoy nous pouuons dire qu'on le choque en vain: cela estant, il faut croire que la nature l'a mis au monde pour vn plus grand bien que les hommes ne peuuent penetrer.

Ie sçay bien que les eloges que nostre Oracle attribuë audit Cardinal, fascheront la pluspart des esprits irritez : mais si cela doit estre, il le faudra souffrir, parce que toutes choses y contribuëront, qui est en effect vn effect de la preuoyance de Dieu, ce qui se preuue en ce que la pluspart des Messieurs du Parlement ont tourné casaque, & contredit ce qu'ils auoient declamé par vn Arrest, l'ont aboly par vn autre; ce n'est pas sans cause si nostre Oracle a dit dans la Centurie dixiéme, Quatrain 90. Tout le Senat sera dessous sa main, c'est à dire, la plus grande partie.

Il m'est impossible de pouuoir parler des aduantages glorieux que les Cieux nous font esperer pour nostre ieune Monarque, sans y mesler le Cardinal Mazarin, la raison est qu'il n'abandonnera iamais le Roy, ainsi que nostre Oracle a remarqué en pluſieu's endroits, premierement hoſtre Oracle dit dans la Centurie troiſiéme, Quatrain 93.

Dans Auignon tout le Chef de l'Empire
Fera Apreſt pour Paris deſolé,
Tricaſt tiendra l'Annibalique ire,
Lyon par change ſera mal conſolé.

L'on voit par ce Quatrain comme Paris ſera deſolé, & comme toute la Cour s'en ira en Auignon, à cauſe de ſa deſolation, il ſe voit comme le Cardinal y eſt nommé par ces mots, *Tricaſt tiendra l'Annibalique ire* : Il faut entendre par le mot de *Tricaſt* les Prouenceaux, à cauſe d'vne riuiere qui paſſe en Prouence qu'on appelle la Duren, laquelle ancienement on appelloit *Tricaſt*, de ce qu'elle paſſe ou prend ſon origine d'vn village qui ſe nomme *Tricaſt*, & par ces mots, *tiendra l'Annibalique ire*, les Prouenceaux ſeront ennemis mortels du Cardinal, par cette Metaphore de ce que les Romains eſtoient ennemis mortels d'Hannibal, le Cardinal eſtant Romain, tient lieu d'Hannibal.

Le Roy, le Cardinal, & toute la Cour ayant fait ſejour quelque temps en Auignon s'en ira en Italie, parce qu'il y arriuera de nouuelles affaires, ainſi que noſtre Oracle a remarqué dans la Centurie 8. Quatrain 9. lors qu'il dit :

Pendant que l'Aigle & le Coq à Sauonne
Seront vnis, mer Leuant & Hongrie,
L'armée à Naples, Palerme marque d'Ancone,
Rome, Veniſe, par barbe horrible crie.

Il ſemble par ce Quatrain, que le Turc doiue attaquer Rome, mais auparauant cela l'Empire ſera vny à la France, qu'il faut entendre par ces mots. *Pendant que l'Aigle & le Coq à Sauonne ſeront vnis* : Il faut entendre par le Coq la France, & par l'Aigle l'Empire, pour le surplus il se voit comme le Turc doit attaquer Rome ; estant attaquée, les Romains prieront le Roy de France de leur donner du secours, ayant esté nommé à l'Empire auparauant ainsi que nostre Oracle a remarqué dans la Centurie 5f. Quatrain 6. lors qu'il dit :

Au Roy Langur sur le chef la main mettre,
Viendra prier pour la Paix Italique,
A la main gauche viendra changer de Sceptre,
De Roy viendra Empereur pacifique.

Quiconque aura esté à la Cour du Roy pendant qu'il estoit en bas aage, on auroit veu qu'il n'auoit pas demeuré tant soit peu de temps en quelque lieu qu'il s'y ennuyoit; Et de fait estant vn iour à S. Germain en Laye, vn iour de Dimanche, le feu Roy & la Reyne estant à Vespres, & sa Majesté aussi, les Vespres ne furent pas commencées qu'il vouloit sortir de l'Eglise, & pour obliger sa mere Nourrice de le sortir hors de l'Eglise, il disoit, ie me ietteray par terre; c'est pour vous dire qu'en sa ieunesse il se languissoit de temp en temps, c'est pourquoy l'Oracle le nomme le Roy Langur.

Ce n'est pas par ces deux Quatrains seulement que nostre Oracle a preueu comme sa Maiesté doit paruenir à l'Empire Romain, il y en a bien d'autres, que le Lecteur pourra voir, particulierement le 81. de la 8. Centurie, le 86. de la quatriéme Centurie, le 68. de la sixiéme Centurie, mais plus particulierement le 67. de la sixiéme Centurie, & auquel nous nous arresterons, parce qu'il en apporte tout à fait la piece, en voicy les propres termes de ce que nostre Oracle nous asseure.

Au grand Empire paruiendra tost vn autre,
Bonté distant, plus de fidelité
Regi par vn issu non loin du Peautre,
Corruer Regnes grande infelicité.

Pour entendre ce Quatrain, il faut sçauoir premierement comme l'Empire Romain a esté le plus grand Empire du monde, qu'il faut entendre par ces mots, *Au grand Empire paruiendra tost vn autre,* c'est à dire, qu'vn autre sera bien tost fait Empereur apres la mort de celuy de present ; *Bonté distant, plus de felicité:* Celuy qui paruiendra au grand Empire ne sera pas si bon que celuy de present, mais aussi il sera plus heureux & plus fortuné. *Regi par vn issu non loin du Peautre,* Ce sera celuy qui sera gouuerné par vne personne qui sera sortie non loin de Peautre. Or est il que le Peautre est vne terre d'Italie qui confronte la Calabre & la Cicile, qu'on appelloit anciennement *Pancesia,* de maniere que le Pere du Cardinal Mazarin est Sicilien, duquel il est forty, & Monsieur le Cardinal Mazarin estant le principaul Gouuerneur du Roy & de son Estat, il faut de là conclurre comme le Roy sera Empereur des Romains, puis qu'il est gouuerné par ledit Cardinal Mazarin.

Quiconque verra la Figure de cette Natiuité, verra la conuenance qu'il y a auec les Propheties de nostre Oracle. Premierement le Soleil estant dans la sixiéme Maison Royale, esleue d'ordinaire des personnes au plus grandes dignitez, quand mesme vne personne seroit née de pauures parens, ils les éleuent aux plus grādes dignitez, à plus forte raison sa Maiesté, qui estant dans le Royaume, il faut par consequent qu'elle paruienne à vne dignité plus releuée que la Royauté, c'est à dire à l'Em-

pire Romain, ainſi que noſtre Oracle a remarqué cy
deſſus, Centurie 5. Quatrain 6. Quand il a dit, *De Roy
viendra Empereur pacifique*, Mercure y eſtant auſſi pla-
cé, ne luy nuira point, parce qui luy donnera toute
ſorte de bons conſeils pour paruenir à l'Empire, &
le rendra propre en toute Science, il n'y a que le
Quadrat de Mars qui le regarde d'vn œil malin aſ-
pect, lequel luy donnera vn peu de peine, non pas
dans la promotion de l'Empire, mais en d'autres oc-
caſions, & immediatement apres ſon mariage.

Quand à la Lune & Venus qui ſont dans la maiſon
du Soleil, luy augmenteront l'eſprit, & le rendront
aymable des Dames, & comme Venus ſe trouue
maiſtreſſe de la ſeptiéme Maiſon, Maiſon de mariage, eſtant dans la dixieſme au ſigne du Lyon, ſigne
intercepte, lequel tient plus de la dix que de la neu-
fieſme, à cauſe que le ſigne de Cancer Maiſon de la
Lune occupe tout à fait la neufiéme, luy promet &
fait eſperer vne femme fort honorable, par le moyé
de laquelle il paruiendra à vne autre grande dignité, & tout ainſi que noſtre Oracle a remarqué dans
la onziéme Centurie, ſixain 58.

> *Sangſuë en peu de temps mourra,*
> *Sa mort bon ſigne nous doura*
> *Pour l'accroiſſement de la France,*
> *Alliances ſe trouueront*
> *Deux grands Royaumes ſe ioindront,*
> *François aura ſur eux puiſſance.*

Par ce ſixain noſtre Oracle fait voir les grands
aduantages que Venus luy promet par le moyen du
mariage qui ſe doit faire entre ſa Maieſté & la fille
d'Eſpagne, immediatement apres la mort du Roy
d'Eſpagne, qu'il faut entendre par ces mots, *Sang-*

ſaë en peu de temps mourra, De ce que les Roys d'Eſpagne ont ſuccé de leurs voiſins la plus grande partie des terres & principautez qu'ils occupent: Pour
le ſurplus dudit ſixain , il eſt aſſez intelligible , de
maniere que par le moyen de ce mariage le Roy poſ-
ſedera l'Eſpagne, & augmentera de dignité.

Cette Alliance nous eſt encore aſſeurée par la
Centurie 4. Quatrain 2. où il eſt dit:

Par mort la France prendra voyage à faire
Claſſe par mer, marcher monts Pyrennées,
Eſpagne en trouble, marcher gens militaire,
Des plus grands Dames en France emmenées.

Le Roy d'Eſpagne eſtant mort , ſes Suiets ſeront
en grand tromble & faſcherie , qu'il faut entendre
par ces mots, *Eſpagne en trouble,* la mort du Roy d'Eſpagne eſtant arriuée, obligera le Roy de France de
faire deux armées , l'vne par terre , & l'autre par
mer, à cauſe de l'intelligence qu'il aura auec la fille
d'Eſpagne, laquelle ſera portée par pareille affectiõ
pour eſtre mariée auec ſa Maieſté : pour cét effect
elle contribuera de ſon coſté pour eſtre emmenée
en France , qu'il faut entendre par ces mots, *Des*
plus grands Dames en France emmenée. C'eſt vne choſe
merueilleuſe de voir comme noſtre Oracle François
a preueu cette Alliance , ou pour mieux dire , ce
mariage, mais encores plus la diſpoſition des Planettes , ainſi qu'elles ſe trouuent placez dans cette
Natiuité Imperialle.

Premierement le Soleil & Mercure ſont dans la
dixieſme Maiſon Royale. Venus maiſtreſſe de la ſeptiéme Maiſon de mariage, & Iupiter dans l'aſcen-
dant, lequel en ce lieu promet vne longue vie , bonne fortune dans les balances , maiſon de Venus

dans le Lyon joinéts à la Lune, esleue les personnes
en grande dignité par le moyen du mariage par la
faueur des femmes.

Or tout cecy a esté preueu par nostre Oracle, mesme ladite Alliance ou mariage, c'est par la onziéme
Centurie, Sixain 49. lors qu'il a dit:

Venus & Sol Iupiter & Mercure
Augmenteront le genre de nature,
Grande alliance en France se fera,
Et du midy la sangsuë de mesme
Le feu esteint par ce remede extresme
En terre ferme oliuier plantera.

Si l'on vient à considerer & à exagerer de bien
prés ce sixain & la figure Imperialle cy-dessus, il
semblera que la chose a esté faite à plaisir, & que les
deux esprits se soient communiquez ensemble, veu
la conuenance qu'il y a de l'vn à l'autre, *Venus & Sol,*
Iupiter, Mars, Mercure. Voila les quatre Planettes qui
font le plus grand effect pour cette Natiuité : Mercure dans son exaltation y est fort puissant, & la
partie de fortune dans les balances y est aussi forte
& puissante, mais tellement puissanté & si fort atta-
chée, qu'elle en rapporte huict degrez de force, sçauoir quatre pour estre dans le signe des balances,
maison de Venus : & quatre pour la onziéme maison,
maison des amis : de maniere que nous inferons de là
comme sa Maiesté sera marié auec la fille d'Espagne
par l'entremise d'vn amy : quand ie dirois que ce
sera par l'entremise de Monsieur le Cardinal, ie
croy que ie ne me tromperay point : on a beau dire
le Cardinal s'en va, il est vray il s'en va, ce n'est pas
a dire qu'il ne gouuerne tousiours, & tout ainsi qu'il
faisoit l'autrefois, son Genie estant auprés du Roy,

ſe vous laiſſe à pēnſer qu'eſt-cē qu'il ne ſera pas à
ſon adueu. Si on a bien remarqué ce que nous auons
dit dans la ſixiéme Partie , qui fut dediée à ſon Al-
teſſe Royale pour raiſon d'eloignement du Cardinal , on aura veu comme ſon éloignement doit eſtre
funeſte pour Paris,& en ſuite pour toute la France,
ainſi que noſtre Oracle a remarqué dans la centurie
9. Quatrain 52. lors qu'il dit:

La Paix s'approche d'vn coſté & la guerre,
Onques ne fut la pourſuite ſi grande
Plaindre homme femme, ſang innocent par terre,
Et ce ſera de France à toute bande.

On parle de paix , voila qui va bien , de croire
qu'elle ſoit aſſeurée,noſtre Oracle ne l'aſſeure point
puis qu'il dit que la guerre ne fut iamais ſi grande.
Pour eſperer vne véritable Paix, noſtre Oracle dit
qu'il ne la faut point attendre que immediatement
apres le mariage du Roy auec la fille d'Eſpagne,
ainſi qu'il a remarqué dans la Centurie quatriéme,
Quatrain 5. lors qu'il dit:

Croix, Paix, ſous vn accomply diuin terbe,
L'Eſpagne & Gaule ſeront vnis enſemble
Grand Clade proche & combat tres-accerbe,
Cœur ſi hardy ne ſera qui ne tremble.

Si cela eſt , nous en ſommes bien eſloignez , & de
fait noſtre Oracle nous aſſeure de plus fort par le
ſixain cy-deſſus noté , pris de l'onziéme Centurie,
Sixain 49. en ce qu'il a dit:

Le feu eſtant par ce remede extréme
En terre ferme Oliuier plantera.

Vn chacun ſçait comme l'Oliuier eſt vn arbre
qui eſt touſiours verdoyant , & ſymbologique pour
la Paix. De maniere que par le mariage du Roy

auec la fille d'Espagne, nous aurons la Paix, mais vne Paix stable & bien asseurée, qu'il faut entendre par ces mots, *En terre ferme Oliuier plantera.* Il faut sçauoir d'ailleurs, comme l'Oliuier est vn arbre qui dure plus de trois cens ans ; si Dieu nous vouloit donner sa paix elle seroit encor de plus longue durée ; mais comme la pluspart des hommes sont enclins plus au mal qu'au bien, il ne la faut point esperer qu'après vne renouation de mœurs & de Loix, ainsi que nostre Oracle a remarqué dans la Centurie troisiéme, Quatrain 49.

> *Regne Gaulois tu seras bien changé,*
> *En lieu estrange est translaté l'Empire,*
> *En autres mœurs & Loix seras rangé,*
> *Roüan & Chartre te feront bien du pire.*

Tout le desplaisir que Paris peut receuoir de Roüan & Chartres, ce sera à cause que les armées empescheront le passage des viures, & feront ses assises du costé de Chartres, qui en fin de contre aborderont les enuirons de Paris pour accomplir leur malice contre Paris, & apres cela le Roy s'en ira, comme nous auons dit, du costé de Prouence, ou en Auignon, ainsi que nostre Oracle a remarqué cy-dessus, quand il dit : *En lieu estrange est translaté l'Empire.* Et de là nous pouuons conclurre comme le Roy sera Empereur, mais encore plus par le Quatrain 93. de la Centurie troisiéme, quand il dit : *Dans Auignon tout le chef de l'Empire sera Aprest pour Paris desolé.* En fin & pour toute conclusion, ie n'estime pas que nous ayons la paix si le Roy ne vient à Paris ; que s'il y vient, son entrée sera autant glorieuse, qu'elle sera funeste s'il n'y vient point.

F I N.